MISE EN SCÈNE

DE

JEANNE, JEANNETTE

ET

JEANNETON

Opéra-comique en 3 actes et un prologue.

PAROLES DE MM. CLAIRVILLE ET DELACOUR

MUSIQUE DE M. P. LACOME

Rédigée par M. VAZEILLE

RÉGISSEUR-GÉNÉRAL DU THÉATRE DES FOLIES-DRAMATIQUES.

PARIS

ENOCH PÈRE & FILS, Éditeurs de Musique

27, boulevard des Italiens, 27

MISE EN SCÈNE

DE

JEANNE, JEANNETTE

ET

JEANNETON

Opéra-comique en 3 actes et un prologue.

PAROLES DE MM. CLAIRVILLE ET DELACOUR

MUSIQUE DE M. P. LACOME

Rédigée par M. VAZEILLE

RÉGISSEUR-GÉNÉRAL DU THÉATRE DES FOLIES-DRAMATIQUES.

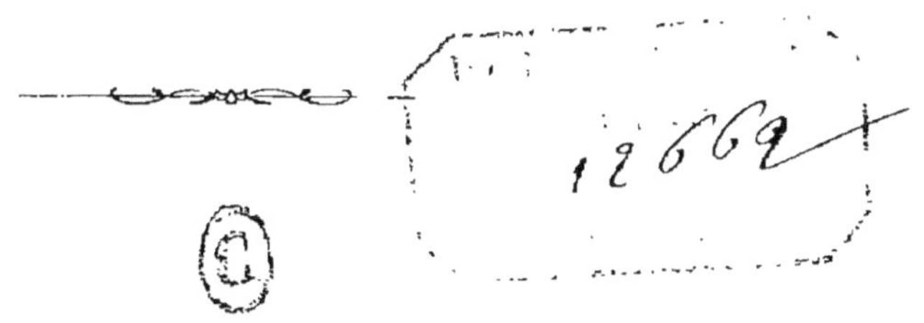

PARIS

ENOCH PÈRE & FILS, Éditeurs de Musique

27, boulevard des Italiens, 27

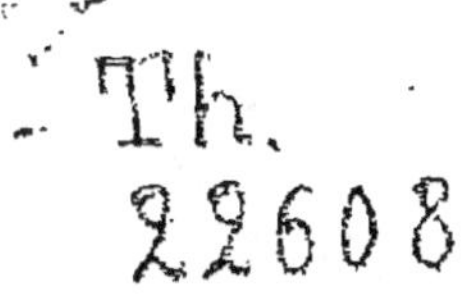

PARIS
TYPOGRAPHIE PAUL SCHMIDT
5, RUE PERRONET, 5.

PROLOGUE.

Une salle commune. Fenêtre au milieu. Porte à deux vantaux à droite, face au public. Petite porte à gauche, *idem*. Pas d'ouvertures aux parties obliques, qui sont garnies d'affiches indiquant la route suivie et les heures de départ du coche de Nancy, Châlons, Bar-le-Duc, etc. Trois bancs adossés au mur à droite et à gauche avant-scène et au-dessous de la fenêtre milieu. Fond de rue derrière la fenêtre; fond de hangar à remiser les voitures derrière la grande porte de droite; fond d'intérieur derrière la petite porte de gauche. Au-dessus de cette porte est écrit : « Entrée de l'auberge », et au-dessus de cette inscription se trouve un œil-de-bœuf praticable.

SCÈNE PREMIÈRE.

Au lever du rideau, la moitié des chœurs seulement est en scène ; l'autre moitié entre à la deuxième phrase et la chante en s'adressant aux premiers arrivés. Briolet entre de la petite porte de gauche et surgit au milieu des choristes qui s'adressent à lui.

Écoutez en deux mots.

Briolet descend en scène, tous le suivent.

Ah! les charmants renseignements.

Tous remontent quelques pas en levant les épaules. On entend à droite le bruit des grelots et du fouet en mesure, éloigné d'abord et se rapprochant ensuite ; Briolet remonte vers la scène toujours au milieu des choristes qui écoutent avec plaisir cette arrivée du coche.

Ah! vite courons de ce pas.

Tous se précipitent vers la porte de droite pour sortir.

Non, non, par Dieu! ne sortez pas!

Briolet recule, se campe derrière la porte et les arrête. A la dernière mesure du chœur, le premier choriste près de Briolet le prend par le bras et l'envoie au second qui le renvoie au troisième, qui le lance sur le banc de gauche, puis tous sortent tumultueusement à droite. La porte se referme.

SCÈNE II.

C'est tous les jours la même chose!

Briolet se lève et arpente la scène. Dans ce monologue, quand Briolet parle de la salle d'attente, il désigne celle où il se trouve, de même pour l'auberge à gauche et la halle à droite, puis il reprend le milieu de la scène.

Je ne sais pas où j'irai, mais...

Briolet se dirige vers l'auberge à gauche.

SCÈNE III.

Les trois femmes entrent dans l'ordre suivant : Jeanne, Jeannette, Jeanneton. Cette dernière tombe essoufflée sur le banc de droite. Jeanne porte un petit carton de modiste; Jeannette un mantelet sur son bras; Jeanneton un petit paquet et un parapluie.

Le coche est arrivé.

Briolet dit cela toujours près de la porte gauche, d'un ton bourru et sans regarder les petites femmes.

Veuillez me suivre.

Il fait encore un pas vers la gauche.

Que la foule soit partie?

En disant cela, Jeanne gagne la gauche devant Briolet et pose son carton sur le banc de gauche.

Je vais la fermer.

Il se dirige vers la porte de droite et se trouve en face de Jeannette qui a posé son manteau sur le banc du fond, au-dessous de la fenêtre.

Nous serons parties.

Jeannette se campe devant Briolet.

Elles tiennent au mur.

Jeanneton a posé son paquet et son parapluie sur le banc de droite; elle se lève, essaie de soulever le banc et dit sa phrase en riant, puis se rassied.

Ça, je le regrette.

Briolet n° 2, entre Jeanne et Jeannette, regarde chaque petite femme et les dévisage bien avant de parler.

Attendez-moi là.

Briolet remonte et redescend, faisant la navette à chaque appel, jusqu'à sa sortie à gauche.

SCÈNE IV.

Disent donc la même chose.

Les trois femmes descendent en scène et viennent au milieu en disant chacune leur phrase respective dans l'ordre qu'elles occupent.

Et puisque le hasard nous a réunies...

Jeanne prend le milieu en commençant cette phrase : Ordre : Jeannette, Jeanne, Jeanneton.

Nous tirer la bonne aventure.

Jeannette tend la main à Jeanne, puis la retire.

Hélas! de nous que fera-t-on?

Jeanne, Jeannette et Jeanneton.

Après le couplet de Jeanneton, Jeannette remonte un peu, et redescend au milieu pour chanter le sien. Ordre : Jeanne, Jeannette, Jeanneton.

SCÈNE V.

Jeanne, Jeannette, Jeanneton.

Briolet paraît à la lucarne au-dessus de la porte de gauche.

Retenez bien ceci.

En disant ces mots Jeanne reprend le milieu.

Donnons-nous rendez-vous dans cinq ans.

Les trois femmes étendent les bras comme pour jurer d'être à la date convenue ; puis comptent sur dix doigts, à partir du pouce, les dix syllabes suivantes : Le trois juin mil sept cent soi-xan-te cinq... bien ensemble.

Jeanne, Jeannette et Jeanneton.

Au baisser du rideau, Jeannette remonte et va prendre sur le banc du milieu, près de la fenêtre, la mante qu'elle y avait déposée ; Jeanne passe à gauche et prend son carton sur le banc ; Jeanneton son paquet et son parapluie sur le banc de droite. Elles se retrouvent prêtes à sortir en face de la double porte de droite et se serrent la main. Briolet toujours à sa lucarne.

TABLEAU. — RIDEAU.

ACTE PREMIER.

DÉCOR.

Un jardin de cabaret. Fond de ville. Ce jardin est clos par un mur de 2 mètres ; il a une porte pleine à deux battants au milieu. Cette porte ne s'ouvre qu'au final et ne sert d'entrée qu'à la chaise et au carrosse. A droite, avant-scène, un bosquet ouvert, face au public, sur la scène et fermé au fond. A gauche, premier plan, un arbre dont la première branche fait saillie sur la scène. Une table et deux chaises près du bosquet, sans en masquer l'entrée, une autre table et trois chaises à l'avant-scène de gauche ; au-dessus du bosquet, à droite, table et deux chaises. En face, à gauche, table et trois chaises. Gobelets et bouteilles sur toutes ces tables.

SCÈNE PREMIÈRE.

Au lever du rideau, les dames choristes sont assises aux différentes tables ; les hommes debout versent à boire. Jacquot circule de table en table.

Au cabaret de Bancelin.

Briolet entre de gauche, second plan, suivi de sept marmitons qui se rangent en ligne, par rang de tailles, les petits en tête, à l'avant-scène. Briolet, qui tient la tête, passe devant eux en chantant, et prend la gauche.

Allons, chaud ! chaud !

Les marmitons font demi-tour à droite et rentrent dans la coulisse d'où ils sont sortis, les petits en queue. Tous les choristes se lèvent et entourent Briolet.

Au diable, alors !

Les choristes remontent en haussant les épaules.

SCÈNE II.

Eh bien ? Eh bien ?

Au moment où les choristes vont se rapprocher pour écouter la confidence de Briolet, Jeanneton paraît au fond, venant de la deuxième coulisse gauche. Elle se campe bien au milieu, en maîtresse, pour dire sa première phrase.

Bonjour, la belle Jeanneton.

Les hommes saluent, les femmes font la révérence à Jeanneton.

Eh bien?

Jeanneton descend à l'avant-scène.

Eh bien?

Les chœurs suivent le mouvement et entourent Jeanneton. Jacquot en profite pour desservir les deux tables du deuxième plan et les porter tout au fond, près du mur, de chaque côté de la porte, ainsi que les chaises; puis il dessert la table près du bosquet.

Quels que soient les nouveaux époux.

Tous les invités sortent en dansant, les femmes aux bras des hommes, à droite et à gauche, seconds plans, selon qu'ils se trouvent placés en scène : les ténors et premiers dessus à gauche; les basses et les seconds dessus à droite.

SCÈNE III.

Avant de commencer leur scène, Jeanneton et Briolet se regardent en attendant que le bruit de la sortie soit bien éteint. Jeanneton est au milieu en haut, où elle est parvenue en reconduisant un peu ses invités. Briolet est à droite, avant-scène, admirant Jeanneton.

J'en suis sûre.

Jeanneton descend à Briolet qui aide ce mouvement en allant un peu vers elle; ils se trouvent alors au milieu.

Penses-tu que ça le rende bien heureux?

Le marquis de Nocé entre de droite, derrière le bosquet, et s'arrête au milieu du théâtre.

SCÈNE IV.

Au diable l'importun!

Briolet gagne la droite.

Monsieur Laramée?

Jeanneton fait un pas vers de Nocé.

Et sous les armes.

De Nocé descend et élève son bouquet.

Après le premier couplet de Nocé.

Briolet va s'asseoir furieux à la table de droite, près du bosquet, tantôt sur une chaise, tantôt sur une autre, manifestant son impatience. Jeanneton prend le bouquet que lui offre de Nocé et le met à son corsage.

La moutarde me monte au nez.

En disant cela Briolet se lève et frappe fortement sur la table.

De lui !

Briolet redescend en scène, toujours à droite.

Ce marmiton ?... Connais pas !

De Nocé remonte en pirouettant.

De qui parlais-tu donc ?

Jeanneton passe à Briolet ; de Nocé redescend à gauche et pose son chapeau sur la table qui s'y trouve.

Ordre : de Nocé, Jeanneton, Briolet.

On m'attend à la cuisine.

Briolet passe au milieu devant Jeanneton, se dirigeant à gauche, et s'arrête sur le mot : « Reste ». Toute la fin de la scène très-chauffée jusqu'à la sortie de Briolet, qui se fait presque follement et à gauche, par la première trouée.

SCÈNE V.

Ordre : de Nocé, Jeanneton.

Jeanneton ! Jeanneton !

A ce premier « Jeanneton » du marquis, Jeanneton, serrée de trop près par lui, s'échappe et passe à gauche.

Jeanneton ! Jeanneton !

A ce second, de Nocé reprend Jeanneton et la ramène au milieu.

Oh ! mon bel ange adoré !

De Nocé presse chaudement Jeanneton dans ses bras, celle-ci se défend et s'échappe en disant : « Assez ! assez ! »

Auparavant il faut....

Jeanneton se dirige vers la gauche, première trouée.

Vous me quittez ?

Jeanneton redescend quelques pas.

Je vous demande une seconde.

Jeanneton va pour sortir à gauche, et rencontre Jacquot qui débarrasse la table de l'avant-scène.

Oui, bourgeoise.

Jacquot passe derrière Jeanneton, traverse le théâtre et disparaît au travers du bosquet de droite en emportant les verres et bouteille.

Cela vous fera prendre patience.

Jeanneton sort à gauche, première trouée.

Voilà, militaire.

Jacquot rentre par le devant du bosquet, place une bouteille et deux verres sur la table qui se trouve auprès, et ressort par ledit bosquet.

Près de six semaines.

De Nocé va s'asseoir à la table de droite près du bosquet.

<h2 style="text-align:center">SCÈNE VI.</h2>

Lagrenade paraît de derrière le bosquet; il entre comme cherchant quelque camarade de régiment à qui il pourra faire payer bouteille. Arrivé au milieu du théâtre, il s'arrête, se retourne et aperçoit de Nocé qui lui tourne le dos. Lagrenade explique par sa mimique que voilà son affaire et descend à Nocé, n° 1.

Eh camarade! est-ce qu'on boit les uns sans les autres?

Lagrenade frappe rudement sur l'épaule droite de Nocé; celui-ci, qui allait se verser à boire, pose sa bouteille et se lève courroucé. Lagrenade recule.

Silence, malheureux.

De Nocé passe derrière Lagrenade, regarde à gauche, puis revient à Lagrenade. Ordre : de Nocé, Lagrenade. La fin de la scène, très-vivement ; de Nocé poussant Lagrenade et le forçant de s'asseoir à gauche de l'autre côté de la table, en face de lui ; puis, lui versant à boire.

Tutoyer mon coco...

Jeanneton rentre de la deuxième coulisse gauche. Jacquot est devant elle. Jeanneton lui parle tout en gagnant le fond milieu. Puis Jacquot la quitte et disparaît à droite.

A la réciproque, mon coco... pristi!

Lagrenade avale le verre de vin que lui a versé de Nocé. Jeanneton redescend. Ordre : Jeanneton, de Nocé, Lagrenade assis.

Mais les amis après les amies.

De Nocé se lève et gagne la gauche en allant à Jeanneton.

Va voir plus loin si j'y suis.

Lagrenade prend la bouteille sous son bras gauche, s'avance vers de Nocé en passant devant la table, s'arrête, puis se dirige vers le bosquet, s'arrête de nouveau au moment d'y entrer par l'ouverture face à l'acteur ; dit son aparté : « J'ai tutoyé mon colonel » et sort en traversant le bosquet.

SCÈNE VII.

Ordre : Jeanneton, le marquis de Nocé.

Le voici.

Jeanneton tire le contrat de sa poche et le remet immédiatement.

Il faut que je me hâte.

De Nocé remonte quelques pas.

Où allez-vous donc?

De Nocé redescend.

Avant un quart d'heure, ma toute belle.

De Nocé reconduit Jeanneton à gauche, premier plan, en lui baisant les mains. Jeanneton s'échappe et sort vivement en disant :

Hâtez-vous!

De Nocé reste seul un moment interdit, puis redescend vivement à l'avant-scène gauche.

Et pour n'y plus revenir.

Il prend son chapeau sur la table gauche.

Il ne sera pas dit...

De Nocé, se dirigeant en remontant vers la droite, rencontre Lagrenade planté au beau milieu du théâtre et regardant vers la gauche au fond. Lagrenade a fait cette entrée par derrière le bosquet, en frisant sa moustache et comme cherchant aventure galante.

Oui, mon colo...

De Nocé passe vivement devant Lagrenade en disant : « Imbécile ! (et non animal) suis-moi ! » et sort à droite derrière le bosquet. Lagrenade ajoute : « Imbécile !... avec plaisir, mon colo... », puis regardant encore à gauche : « Voilà des petites poulettes qui arrivent et qui me rendraient bien spirituel !... »

De Nocé, de la coulisse : « Allons donc, Lagrenade ! » Lagrenade : « C'est dommage de filer... Arche ! » Il sort à droite derrière le bosquet.

SCÈNE VIII.

Jeannette entre la première, Jeanne la suit. Toutes deux de la deuxième coulisse gauche.

Il m'a semblé reconnaître...

Jeanne regarde à gauche, Jeannette de même, un peu au-dessus d'elle.

Et vous me disiez donc...

Toutes deux descendent en scène. Ordre : Jeanne, Jeannette.

Qu'à cette heure-là, Jeannette...

Jeanneton entre de droite derrière le bosquet, semblant chercher Briolet, et s'arrête bien au fond milieu.

SCÈNE IX.

Mademoiselle Jeanneton !

A cet appel, Jeanneton se retourne à gauche, fait un pas vers Jeanne et pousse un cri de surprise et de joie ; puis à droite, fait un autre pas vers Jeannette et pousse un second ah !... Jeanne se nomme la première en tendant la main gauche, Jeannette la seconde en tendant la main droite, Jeanneton la troisième en saisissant les deux mains tendues vers elle, et toutes trois descendent en face du trou du souffleur. Ordre : Jeanne, Jeanneton, Jeannette.

A vous ! à vous !

Jeanne, sur l'invitation de Jeanneton, passe devant elle et prend le milieu pour chanter le premier couplet. Jeannette chante le sien en place.

Ah! mes pauvres amies!

Jeanneton remonte en arrière en chantant cette phrase, puis redescend au milieu pour dire : « Du même but, hélas! » et la suite. Ordre : Jeanne, Jeanneton, Jeannette.

En plein vent, venez donc.

Jeanneton remonte un peu.

Nous n'en parlons pas.

Jeanneton redescend.

Mam' Jeanneton! mam' Jeanneton!

La voix de Jacquot dans la première coulisse de gauche. Jacquot fait son entrée, son récit et sa sortie très-vite, très-chaudement et très-comiquement. Il sort par la même coulisse que son entrée.

Le maudit Briolet.

Jeanneton sort vivement à gauche, première coulisse.

SCÈNE X.

Jeanne à gauche, Jeannette à droite, ne parlent qu'après s'être regardées en riant.

Passons dans ces bosquets.

Elle désigne celui de droite, Jeannette remonte un peu, regarde la droite suivant l'indication de Jeanne ; puis elle revient lui prendre le bras, et toutes deux en causant traversent la scène de gauche à droite, entrent dans le bosquet par l'entrée face aux acteurs, et disparaissent dans la coulisse droite.

SCÈNE XI.

A peine sont-elles disparues que Briolet paraît à droite derrière le bosquet ; il est pâle et sombre, s'arrête un instant au milieu du théâtre, puis descend à l'avant-scène.

Pour que ça me mène loin, et...

Briolet tire doucement par un bout une corde qu'il a cachée sous sa veste de cuisinier, de manière à ce qu'elle s'allonge insensiblement et le plus possible, et il la montre au public.

Briolet pendu... pendu...

Briolet regarde autour de lui et aperçoit à gauche,

séparant les deux coulisses, un arbre dont la branche avance vers la scène ; il dit alors : « A cet arbre. »

Ne perdons pas de temps.

Briolet roule sa corde de manière à ce qu'elle soit prête à lancer et va vers l'arbre qu'il examine.

SCÈNE XII.

Jeanne paraît sous le bosquet de droite et s'arrête en sortant, face au public.

Pourquoi attache-t-il une corde à cet arbre ?

Jeannette revient de même que Jeanne. Ordre : Briolet à l'arbre, Jeanne, Jeannette.

Maintenant, une chaise.

Briolet va prendre la chaise près du mur, au fond, à gauche, et la descend sous la branche de l'arbre ; puis il monte dessus et passe sa tête dans le nœud coulant qui se trouve préparé d'avance.

Dites donc, vous, jeune homme.

Jeannette, qui est vivement passée devant Jeanne pour courir à Briolet, tire ce dernier par son tablier au moment où il a le cou passé dans le nœud coulant. La corde casse sous la pression de Jeannette et de Briolet qui se défend, et Briolet saute à terre ayant le nœud coulant toujours autour du cou. Il le retire avec humeur.

Avec la perfide.

En répondant à Jeanne, Briolet prend le milieu. Ordre : Jeannette, Briolet, Jeanne.

Je ne reconnais plus mon pays.

Rires et bruit dans les coulisses droite et gauche. Jeanne remonte au fond et regarde à droite, Jeannette la suit.

Ah ! je n'ai que le temps !...

Briolet retourne à son arbre ; Jeannette, qui regardait au fond à droite avec Jeanne, se retourne, l'aperçoit, court à lui, le prend par le bras et l'entraîne par le bosquet.

Préféré me pendre tout de suite.

Briolet s'échappe et court de nouveau à son arbre ; Jeannette le rattrape et l'entraîne à droite, traverse le bosquet et disparaît avec lui dans la coulisse, Briolet résistant et répétant toujours : « J'aime mieux me pendre tout de suite. »

Qui ne revient pas !

Jeanne entre à son tour dans le bosquet de droite et disparaît à la suite de Briolet et de Jeannette.

SCÈNE XIII.

Les chœurs viennent de droite et de gauche exactement dans l'ordre de leur sortie ; ils ont leurs vêtements enrubanés et entrent très-gaiement, bras dessus, bras dessous.

Quels que soient les nouveaux époux.

Jeanneton entre de droite, dernière coulisse, et prend le milieu. Tous s'écartent à sa vue. Elle a conservé le même costume, mais y a ajouté seulement un bouquet de fleurs d'oranger.

Mais avant vous permettez.

Jeanneton va vers Jeanne qui reparaît sous le bosquet par l'entrée face au public.

Me voilà.

Jeannette reparaît de même. Ordre : Jeanneton, Jeanne, Jeannette.

Mes deux demoiselles d'honneur.

Jeanneton passe entre Jeanne et Jeannette, les prend chacune par la main, les conduit au groupe de gauche qu'elles saluent toutes trois, puis de même au milieu, puis au groupe de droite, en reprenant leurs places de départ et dans le même ordre : Jeanneton, Jeanne et Jeannette. Les trois groupes répondent aux saluts. Tout cela rhythmé musicalement.

Vous avez du succès.

Jeanneton les quitte et remonte causer avec ses invités.

La chose est évidente.

Jeanne en disant cette phrase passe à l'extrême gauche, devant la rampe.

Vous êtes vraiment indulgente.

Jeannette dit cela à Jeanneton qui, n'étant remontée que pour faciliter le passage de Jeanne, redescend de suite au milieu. Ordre : Jeanne, Jeanneton, Jeannette.

SCÈNE XIV.

Laramée entre de droite, derrière le bosquet, perce les groupes et descend n° 2 entre Jeanne et Jeanneton, puis il s'éclipse en silence après avoir remis la lettre à Jeanneton.

Une lettre ?

Briolet reparaît dans le bosquet, face au public, caché par les choristes de droite qui entourent Jeanneton.

Qui m'a remis cette lettre ?

Jeanneton regarde autour d'elle ; tous les invités en font autant, cherchant Lagrenade et ils redescendent pour dire : « Parti ! » Ordre : Jeanne, Jeanneton, Jeannette, Briolet en dehors du bosquet, choristes entourant Jeanneton.

De quoi se mêle-t-elle, celle-là ?

Pendant le chœur qui suit, Jeannette remonte derrière la foule et va rejoindre Jeanne à l'extrême gauche pour s'entendre dire par elle : « On ne vient pas ».

Je ne sais pourquoi ce retard.

Jeanne remonte tout le théâtre près des coulisses de gauche et gagne le haut en passant derrière les chœurs. Jeannette reste à l'extrême gauche ; Jeanneton est un peu vers le bosquet, et Briolet toujours à l'extrême droite, derrière les chœurs.

Adieu la fête commencée.

A l'appel des trompettes à l'orchestre, la porte du fond milieu, restée fermée jusqu'à ce moment, s'ouvre et livre passage au valet de pied qui entre, venant de droite, suivi de deux autres valets portant la chaise. Ils descendent à gauche près la porte qui doit être bien dégagée et posent leur chaise.

Qu'est-ce donc que cela ?

Le premier valet entré devant la chaise se plante bien au milieu, laisse bien éteindre le son musical et lance hautement son annonce, puis il va refermer la porte et se place en tête de la chaise.

Me voilà.

Jeannette s'avance au milieu, près de Jeanneton. Les choristes font un pas en avant en admirant la Guimard.

Qu'il n'a rien à me refuser.

Briolet se frappe le front comme pris d'une idée subite, il rentre dans le bosquet, à droite, et revient bientôt portant une valise.

Ni comment vous remercier.

Pendant la reprise du chœur un riche carrosse, placé depuis le commencement de l'acte dans la coulisse droite derrière le mur, est poussé par les machinistes et vient s'arrêter juste à l'ouverture de sa portière en face de la porte du fond. On l'aperçoit au-dessus du mur, avec le cocher sur son siége, tenant les rênes et armé de son fouet, et le valet de pied derrière.

Au deuxième appel de trompettes.

La porte s'ouvre de nouveau et un coureur avec sa canne paraît.

Eh! mais, voyez encore.

Le coureur se place au milieu comme l'a fait le précédent et dit son annonce. Puis il remonte et va se planter à gauche de la portière du carrosse, prêt à l'ouvrir.

Où donc est-elle?

Les choristes reprennent les ailes. Jeanne, quittant l'endroit où elle s'était dissimulée, à gauche au fond, descend résolument au milieu. Ordre : Jeannette, Jeanne, Jeanneton, Briolet, les chœurs entourant.

Reconnaîtrait-on Jeanne, Jeannette, Jeanneton ?

En attaquant le dernier chœur : « Vive la comtesse! » les choristes reprennent les ailes. La chaise descend à l'avant-scène devant ceux de gauche. Le valet de pied de la Guimard l'ouvre. Celui de la Dubarry ouvre la portière du carrosse et abaisse le marchepied. Jeannette, Jeanne et Jeanneton, dans cet ordre, remontent. Au milieu du trajet, Jeannette quitte les deux autres, fait un signe à Briolet et monte dans sa chaise. Jeanne arrivée à sa voiture serre la main de Jeanneton et monte sur le marchepied. La chaise de la Guimard se met en marche pour sortir à la suite du carrosse, en tournant bien devant le public et Briolet se charge de son bagage et emboîte le pas derrière la chaise. Tous les hommes agitent leurs chapeaux en chantant. Le rideau tombe sur ce tableau animé.

ACTE II.

Un charmant boudoir style Louis XV, de deux plans seulement. Trois portes au fond. Celle du milieu fermée par une riche tapisserie dont le dessin représente des amours et des fleurs. Celles de droite et de gauche fermées par des battants pleins. Au-dessus des portes et au plafond, des amours et des fleurs. À droite, premier plan, porte de la chambre à coucher de la Guimard; second plan, porte de sortie extérieure. A gauche, premier plan, une fenêtre garnie d'une tapisserie relevée, du même dessin que celui de la porte du fond; au second-plan, une petite porte secrète. Entre ces deux plans, à droite et à gauche, meubles de boulle avec corbeilles de fleurs dessus. En outre, sur celui de gauche, un encrier, un petit buvard, plume et papier. A droite, avant-scène, une riche table incrustée nacre et cuivre; derrière, une chaise. A gauche, un canapé et un petit guéridon au bout. Chaises de style çà et là.... Lorsque les portes du fond s'ouvrent, on aperçoit un second salon riche. Un lustre non allumé pend au milieu.

SCÈNE PREMIÈRE.

Au lever du rideau, huit comédiens et six comédiennes sont en scène, ainsi que Dauberval et Clorinde. Deux dames sont assises sur le canapé; une autre est debout devant le petit guéridon, à l'extrême gauche; trois hommes derrière le canapé; Clorinde près de la porte de droite, premier plan; le reste des comédiens et comédiennes garnit le milieu. Tous écoutent, les regards dirigés vers la chambre de la Guimard. Le rideau levé, les dames assises se lèvent pour chanter le chœur. En attaquant son air, Clorinde quitte la porte et descend en scène; tous la suivent et l'entourent. Après l'air, on remonte encore vers la porte et l'on redescend en disant : « Pauvre Guimard ! » mais en laissant une petite place au milieu pour le passage de Jeannette (la Guimard).

SCÈNE II.

Jeannette est sortie de sa chambre pendant que les chœurs sont descendus. Elle passe derrière la table et prend le milieu. Tous s'écartent pour lui livrer passage. Ordre : Dauberval, Jeannette, Clorinde.

Et que le roi garde le vieux!

Quand les choristes ont chanté cette reprise, ils remontent un peu. Trois hommes se placent derrière le canapé. Les dames sont à droite et milieu. Jeannette passe et va s'asseoir sur le canapé, la tête tournée du côté de la fenêtre gauche. Dauberval est à sa tête, Clorinde à ses pieds. L'ordre est donc le même.

Tenez, voyez-vous cette fenêtre?

Jeannette désigne de la main gauche, par-dessus son épaule et sans se retourner, la fenêtre premier plan à gauche ; tous regardent de ce côté.

C'est moi qui veux rompre avec le prince.

Un signe négatif de plusieurs, surtout de Clorinde. Jeannette se lève et descend en scène en disant : « En voulez-vous la preuve. » Tous suivent le mouvement. Ordre : Dauberval, Jeannette, Clorinde, choristes entourant.

A ce soir!

Tous sortent par les deux portes latérales pleines du fond, les plus hauts les premiers. Dauberval retrouve Clorinde derrière Jeannette, lui offre la main et termine la marche avec elle, mais en sortant par la tapisserie fond milieu. Jeannette les suit un peu en remontant.

SCÈNE III.

Nous avons veillé si tard!

La sonnette se trouve sur le guéridon au bout du canapé. Jeannette, qui est descendue en parlant, l'agite et s'assied. Florine entre de droite, porte extérieure, second plan, sort de même et revient de même.

Bien, mets un couvert.

Florine prend vivement une nappe qui se trouve dans la coulisse droite, porte de Jeannette, premier plan, la met sur la table, puis un couvert complet, un verre et une bouteille couverte de paille. Tout cela pendant que Jeannette lui parle et presque sans l'écouter.

Voilà le déjeuner.

Briolet entre de droite, deuxième porte, il tient un grand plateau d'argent sur lequel se trouve un pâté, un petit plat de macaroni et un petit plat contenant une côtelette brûlée. Il descend au milieu.

Mettez sur cette table.

Briolet pose le plateau sur le milieu de la table et descend un peu à gauche. Jeannette, en passant derrière lui, va s'asseoir à la table, face au public. Florine, à droite, la sert.

Non! oh non!

Jeannette se lève.

Des truffes, du champagne.

Florine fait un signe d'assentiment et gagne très-vivement la gauche, en remontant derrière Jeannette jusque devant la porte de gauche et elle écoute.

Qui répandent un parfum.

Jeannette remonte à droite en faisant un petit tour sur elle-même.

Oui, ça sent très-mauvais.

Briolet prend le plateau et descend à l'extrême droite pour faire son aparté.

On monte le petit escalier.

Florine revient dire cela à sa maîtresse. Le marquis paraît à la porte gauche, deuxième plan. Briolet qui remontait comme pour s'en aller, se trouve en face de lui et laisse tomber son plateau au milieu du théâtre.

SCÈNE IV.

Maladroit!

En disant ce mot, Florine redescend vite à l'avant-scène de droite, devant la table, et aide Briolet à remettre les plats sur son plateau. Jeannette descend entre le marquis et Briolet, et le marquis reste en arrière à gauche, plus haut que le canapé. Ordre : le marquis, Jeannette, Briolet, Florine.

Enlève ce couvert.

Florine fait signe à un valet qui entre première porte droite; elle prend un bout de la table, le valet l'autre bout qui se trouve à sa portée, ils emportent la table et disparaissent, première porte droite. La chaise reste à sa place.

Jeanneton, Laramée, je les vois partout.

Briolet, qui a cascadé en ramassant ses plats qu'il pose et laisse retomber, sort comme un fou par la deuxième porte de droite.

SCÈNE V.

Enfin! vous voilà!

Jeannette fait un pas vers le marquis, qui en fait autant de son côté... et la scène s'entame au milieu.

Oui, mais dites-moi si vous êtes content.

Jeannette s'assied sur le canapé à gauche en faisant signe au marquis de s'y placer à côté d'elle.

Je ne la connais pas.

Le marquis de Nocé se lève et descend milieu. Jeannette l'y suit.

La première chose que je vous demande.

Jeannette retourne s'asseoir sur le canapé en boudant. Le marquis la suit, mais reste debout près du canapé.

Mais pas pour moi.

Le marquis gagne la droite pour dire cet aparté. Florine entre de droite, deuxième porte, et vient milieu. Ordre : Jeannette, Florine, le marquis.

Aussi peu galant avec elle qu'avec moi.

Jeannette se dirige vers la deuxième porte droite. Le marquis gagne vivement la gauche en disant : « Que faire? »

SCÈNE VI.

Jeanneton paraît à la deuxième porte de droite, interdite et hésitant à entrer.

N'ayez pas peur.

Jeanneton descend quelques pas; Florine, qui lui avait fait signe d'entrer et s'était reculée au fond, en profite pour passer derrière elle et rentrer à droite, deuxième porte.

Le régiment de Laramée.

Jeannette prend Jeanneton par la main et la fait descendre lentement.

Son colonel.

En disant ces deux mots Jeanneton recule un peu à droite comme honteuse. Jeannette va la reprendre par la main et la ramène doucement vers le marquis.

C'est que...

Jeanneton conduite par Jeannette s'avance timidement

vers le marquis, puis levant les yeux, recule croyant voir Laramée. Ordre : le marquis, Jeannette, Jeanneton.

Quoi! vous me connaissez!

Le marquis passe milieu devant Jeannette.

Parbleu! la farce est bien jouée!

Le marquis reprend la gauche n° 1, toujours en passant devant Jeannette.

Puisqu'il faut donc que ce soit moi...

Le marquis reprend le milieu.

Monsieur Laramée en prison.

Le marquis repasse à gauche. Ordre jusqu'à la fin du chant : le marquis, Jeannette, Jeanneton.

Va achever de dissiper votre erreur.

Jeannette remonte jusqu'à la hauteur du canapé, à gauche, passe derrière, va prendre ce qu'il faut pour écrire sur le petit meuble entre la porte et la fenêtre de gauche, pose le tout sur le guéridon au bout du canapé, repasse derrière le canapé et va rejoindre Jeannette à l'extrème droite. Cela tout en parlant au marquis.

C'est facile.

Le marquis s'assied sur le canapé et écrit.

Voyons si c'est bien cela?

Le marquis tend l'écrit à Jeannette qui vient le prendre et le reporte à Jeanneton. Puis voyant le marquis prêt à se lever elle l'arrête.

Le délivrer... mais...

Jeannette quitte Jeanneton et va près du marquis pour lui dire : « Ah! prenez garde! etc. » Puis elle le laisse pour retourner à Jeanneton.

Eh bien! ce consentement!

Jeanneton, intriguée de ce que va encore faire le marquis, a oublié de lire le papier; elle le redonne à Jeannette.

Oh! quelle idée.

Le marquis se rassied.

Qui lui remettra ce billet.

Le marquis met le billet sous enveloppe et descend au milieu pour dire à Jeanneton : « Voici pour le guichetier, » et lui remettre la lettre. Ordre : Jeannette, le marquis, Jeanneton.

Merci, monsieur le colonel.

Jeanneton fait une révérence au marquis, remonte derrière lui, revient à Jeannette pour lui dire : « Merci ! » dit sa phrase de sortie au milieu, et sort en courant par la deuxième porte de droite.

SCÈNE VII.

Ordre : Jeannette, le marquis.

Il faut que je vous quitte.

Le marquis passe derrière Jeannette et va prendre son chapeau qu'il avait posé sur le petit guéridon au moment d'écrire. Ordre : le marquis, Jeannette.

SCÈNE VIII et IX.

Tout en terminant cette petite scène, le marquis a gagné la petite porte à gauche accompagné de Jeannette. Il sort et Jeannette redescend près du canapé en réfléchissant.

Monsieur le marquis est parti ?

Florine est entrée de droite, deuxième porte.

Fais entrer.

Florine fait signe. Jeanne (la comtesse Dubarry) entre voilée. Elle attend que Florine soit sortie derrière elle et ait refermé la porte, puis soulève son voile.

Oui, un grand danger me menace.

Les deux femmes descendent en scène, milieu. Ordre : Jeannette, Jeanne.

Écoutez ce passage des nouvelles à la main.

Jeannette montre du geste le canapé de gauche à Jeanne, où elles s'asseyent toutes deux dans l'ordre qu'elles occupent en scène.

Le marquis ? c'était lui !

Jeannette se lève et descend en scène.

Qu'avez-vous ?

Jeanne se lève et descend aussi. Toujours dans le même ordre : Jeannette, Jeanne.

Ah ! mon Dieu ! mon Dieu !

Jeanneton dit ces lamentations dans la coulisse droite,

deuxième porte. Jeannette remonte vers la droite en passant derrière Jeanne qui, baissant son voile, passe à
gauche.

SCÈNE X.

Jeanneton entre de droite, deuxième porte. Ordre :
Jeanne, Jeannette, Jeanneton.

Sans compter madame la comtesse.

Jeannette montre Jeanne qui lève son voile. Jeanneton
fait vivement un pas vers elle, mais s'arrête comme
interdite en disant : « Madame la comtesse ! » Jeanne
passe vivement à Jeanneton et lui prend amicalement les
mains.

Qu'il a compromise aux yeux du roi.

Les trois femmes prennent bien le milieu pour atta-
quer le trio. Ordre : Jeannette, Jeanne, Jeanneton.

Un homme perdu.

A la fin du trio, Jeanneton remonte au fond et se dirige vers la fenêtre de gauche, devant laquelle elle
s'arrête en poussant un cri. Jeannette et Jeanne ont
gagné l'extrême droite comme pour comploter leur ven-
geance.

Quoi donc ?

Jeannette et Jeanne se retournent et font deux pas
vers Jeanneton. Ordre : Jeanneton vers la fenêtre, Jeannette, Jeanne.

SCÈNE XI.

Qui est-ce qui a parlé de Laramée ?

Briolet est entré de la deuxième porte droite. Il porte
un plateau avec une assiette de gâteaux, deux coupes et un
flacon garni de paille. Ordre : Jeanneton, Briolet, Jeannette, Jeanne.

Vous êtes sauvée.

Jeanneton, qui était descendue à gauche devant le
canapé, rejoint à droite Jeannette et Jeanne. Briolet est
toujours au fond, ramassant maladroitement et plaçant
sur son plateau ce qu'il a laissé tomber.

Je vais tout vous expliquer, venez.

Jeannette entraîne les deux autres dans sa chambre,

première porte droite. Jeanneton est la dernière. Briolet qui a tout ramassé les suit et reçoit la porte sur le nez.

SCÈNE XII.

Ne viendra pas la retrouver.

Briolet a fini son monologue à l'extrême droite après avoir bien regardé autour de lui. Il remonte comme pour s'en aller et s'arrête stupéfait à la vue du marquis en soldat. De Nocé est entré par la petite porte de gauche, deuxième plan, et s'arrête un instant. Puis il descend vers Briolet pour lui dire : « Mon ami... » Ordre : le marquis, Briolet.

Cet imbécile que j'ai déjà vu.

Briolet pose son plateau sur la chaise qui est restée à droite et revient au marquis pour lui dire : « L'imbécile, c'est moi!... »

Essayez, essayez...

En disant cela Briolet recule à l'extrême droite.

Vous me le jurez?

Briolet retourne vers le marquis.

Va dire à mademoiselle Guimard.

Briolet va reprendre son plateau pendant l'aparté du marquis.

C'est trop de bonheur.

Briolet, fou de joie, sort en courant, porte deuxième à droite, et se heurte contre la porte.

De Soubise qui se venge?

Briolet rentre même porte sans plateau.

Arche!

Briolet ressort vivement toujours même porte.

SCÈNE XIII.

Dès la sortie de Briolet, Jeannette entre de droite, première porte. Elle et le marquis prennent le milieu de la scène. Ordre : le marquis, Jeannette.

Son rôle au naturel. Mais...

Florine entre de droite, deuxième porte, elle est suivie de deux domestiques. Deux autres domestiques entrent en même temps par la petite porte de gauche. Ceux de droite rangent la chaise qui se trouve à droite. Ceux de gauche, le canapé et le guéridon, puis tous les quatre se rangent au fond et attendent. Ordre : le marquis, Jeannette, Florine.

Annoncez-les hautement.

Florine sort deuxième porte de droite.

Faites entrer ces messieurs et ces dames.

SCÈNE XIV.

Les valets ouvrent les deux portes pleines latérales du fond. Les rideaux du milieu s'écartent en même temps, et par ces trois ouvertures on aperçoit toute la société réunie dans le grand salon, chaudement éclairé par le lustre du milieu. Les convives sont ainsi groupés : trois petits cadets à droite, trois autres à gauche, deux autres au milieu ; derrière ces deux derniers, six financiers (basses). Le reste de la société à droite et à gauche par couples, les ténors à gauche, les basses à droite. A l'attaque, les cadets entrent les premiers, viennent saluer Jeannette en papillonnant, puis chantent leur chœur, rangés à l'avant-scène. Quand ils ont fini, ils jettent bien ensemble leurs chapeaux sous leurs bras ; les quatre de droite font demi-tour à gauche, les quatre de gauche font demi-tour à droite, et tous remontent papillonner autour des dames qui sont entrées et garnissent les ailes avec leurs cavaliers derrière elles. Pendant ce temps les financiers ont repris la place des cadets et ont chanté à leur tour leur chœur. Puis ils remontent trois à gauche, trois à droite et se placent près des dames que les petits cadets abandonnent à leur tour, pour revenir garnir l'avant-scène, quatre à gauche et quatre à droite. Jeannette est au milieu avec le marquis, qui était remonté et s'était effacé pour faire place à l'entrée générale, mais qui est redescendu après le chœur des financiers.

Et ne vous étonnez de rien.

Jeanneton entre de droite, deuxième porte, et vient au milieu. Ordre : le marquis, Jeanneton, Jeannette ; aux ailes les cadets et les chœurs.

Attention.

Après l'entrée de la société, les domestiques ont vivement refermé les portes du fond. On a placé alors une table richement servie et éclairée de deux candélabres dans le salon du fond, et au mot : « Attention ! » que dit Jeannette en étendant le bras droit vers le fond, les domestiques rouvrent les deux portes latérales, le rideau s'écarte à nouveau, et un somptueux souper s'offre aux regards des assistants.

Bien observer que le lustre du second salon n'est éclairé qu'au moment de l'entrée des cadets et autres ; l'acte commençant à midi et se terminant le soir.

Ensuite à l'amour.

A la fin du chœur les invités font quelques pas vers le fond et s'arrêtent à la vue de Florine qui entre de droite, deuxième porte, et vient chanter son récit au milieu. Ordre : le marquis, Jeanneton, Florine, Jeannette.

Et vous, faites entrer.

Florine remonte et va faire signe à l'exempt à la porte latérale du double salon à droite.

SCÈNE XV.

L'exempt entre de droite, porte latérale du deuxième salon. Il est suivi de deux agents qui restent au fond et gardent la porte. Ordre : le marquis, Jeanneton, l'exempt, Jeannette, Florine derrière Jeannette.

Qu'on le fasse entrer tout de suite.

Jeannette fait signe à Florine qui est derrière elle. Florine va à la porte de droite du deuxième salon et fait un signe. Le tabellion paraît dans le deuxième salon derrière la table et va se placer au milieu, un peu à gauche cependant.

Signons sans tarder davantage.

Après le chœur, tout le monde remonte, les invités entrent dans le second salon à droite et à gauche. Les cadets suivent, mais restent dans le premier salon prêts à entrer dans le second. L'exempt se place devant la table, à droite de la porte du milieu. Jeannette est à côté de lui. Le marquis offre la main à Jeanneton, entre avec elle dans le second salon par la porte du milieu ; tous deux passent à gauche pour aller retrouver le notaire derrière la table. Ordre derrière la table : plusieurs invités, Jeanneton, le marquis, le notaire, plusieurs autres invités. Ordre devant la table : quelques invités, les cadets et deux domestiques à gauche de la porte milieu, Jeannette, l'exempt, ses deux acolytes, quatre cadets, quelques invités, deux domestiques, à droite de la porte milieu.

SCÈNE XVI.

Le premier salon est tout à fait libre. Les personnages qui s'y trouvent tournent le dos au public. Briolet entre vivement et joyeusement de la deuxième porte de droite, premier salon. Il est en militaire et descend à l'avant-scène à droite en chantant et sans voir personne.

Au militaire Laramée.

Le marquis prend la plume que lui offre le notaire et signe.

A son épouse Jeanneton.

Le marquis offre la plume à Jeanneton qui passe devant lui, signe et rend la plume au notaire. Tout cela derrière la table un peu vers la gauche.

Jeanneton, que dit-on.

Briolet remonte. Tout le monde se retourne, le notaire disparaît par la droite toujours derrière la table. L'exempt s'interpose et repousse Briolet qui menace le marquis.

Au nom du roi, je vous arrête.

Tout le monde revient dans le premier salon en attaquant le chœur. L'exempt saisit Briolet qui se débat. Les deux autres agents prêtent main-forte. Briolet s'échappe, court à gauche en menaçant le marquis qui est descendu avec Jeanneton. Les agents l'arrêtent et veulent l'entraîner. Briolet leur échappe encore et se sauve à droite, puis se voyant libre veut revenir s'élancer à gauche sur le marquis. Les exempts le happent au passage et cette fois l'entraînent par le fond. Briolet se défend toujours. Le tumulte est à son comble. Ordre final : cadets, choristes, Jeanneton, le marquis, Briolet, les exempts, Jeannette, Florine, abbés, choristes.

Le rideau tombe sur ce tableau très-animé.

———

ACTE III.

DÉCOR.

Un riche salon du palais de Versailles. Au fond trois grandes baies ogivales toutes ouvertes. A droite, premier plan, une porte. Second plan, une autre. Pas de meubles. Derrière ce salon, une galerie ayant sorties à droite et à gauche. Au fond de cette galerie, un vaste escalier de huit marches, conduisant à un palier praticable par la droite et par la gauche, et tenant toute la largeur du théâtre. Comme horizon, des jardins à perte de vue. De chaque côté de l'escalier, des vases de fleurs.

SCÈNE PREMIÈRE.

La ronde des soldats, composée de sept hommes choristes et de Briolet, est sur deux rangs : Lagrenade en tête avec sa canne, Briolet à la queue avec le septième soldat. Tous ont des fusils, excepté Lagrenade. Ils viennent de la galerie extérieure de droite, traversent les baies ouvertes de droite et du milieu et entrent dans le salon par celle de gauche. Ils s'arrêtent en ligne au milieu, toujours sur deux rangs en marquant le pas.

Vous n'êtes pas au pas!

Lagrenade, à la tête du peloton, commande : « Par file à gauche » et se dirige à droite suivi de sa troupe. Puis : « Par file à droite » et descend à l'avant-scène en longeant la coulisse de droite. Puis : « Par file à droite » et passe devant la rampe de droite à gauche, où il ne doit arriver qu'en chantant : « Les dames auront les yeux sur nous », afin que ses hommes, en répétant les mêmes mots, se trouvent bien au milieu de l'avant-scène. Cette phrase est dite d'abord par Lagrenade en portant la main gauche derrière sa bouche; puis de même pour les soldats à leur tour comme par imitation ; c'est pourquoi il faut que les soldats portent leurs fusils en sous-officiers et de la main droite. Le peleton marque un instant le pas au milieu. Lagrenade commande : « Halte! front! trois pas en arrière! Reposez vos armes?» Les soldats exécutent. Ordre : Lagrenade, soldats sur deux rangs, Briolet.

Jeune recrue, deux pas en avant!

Briolet exécute. Lagrenade passe entre lui et les soldats, remet sa canne au dernier du peloton et prend le numéro 2, à droite. Ordre : Briolet, Lagrenade ; les soldats, trois pas derrière eux.

Vous devez tout voir, tout savoir!

Briolet après le chant gagne l'extrême gauche. Lagrenade reprend sa canne au soldat qui la tient et va se remettre à la tête de son peloton, à gauche. Puis il commande : « Portez armes !... par file à gauche, marche. » Il repasse devant la rampe, suivi de ses hommes, mais cette fois de gauche à droite. Tous chantent : « Les dames auront les yeux sur nous » et en mettant cette fois la main droite derrière leur bouche, attendu qu'ils auront porté l'arme de la main gauche, toujours en sous-officier. Arrivé à la coulisse droite, Lagrenade commande : « Par file à droite. » Le peloton remonte le long de la coulisse droite, et disparaît par l'entrée de la galerie extérieure de droite, par laquelle il était paru à son entrée. Briolet remonte au milieu et disparaît à gauche dans la galerie, comme allant faire sa faction.

SCÈNE II.

Jeanneton entre de droite, deuxième porte.

Et deux fois encore.

Briolet revient de la galerie gauche. Ordre : Briolet, en haut, Jeanneton à l'extrême droite.

Si vous m'aimez véritablement.

Jeanneton prend Briolet par la main gauche et l'entraîne vers la porte de droite, deuxième plan.

Si je n'en suis pas mort.

Briolet, prêt à sortir, lâche Jeanneton en disant : « Laissez-moi prendre mon fusil » et retourne à gauche. Au moment où il va mettre la main dessus, Jeanneton le rattrappe et l'entraîne de nouveau vers la droite.

Si je vous aime!

Briolet quitte Jeanneton une seconde fois en répétant : « Laissez-moi prendre mon fusil » qu'il prend cette fois; puis ils disparaissent tous deux par la deuxième porte de droite, Briolet traînant son fusil de la main droite.

SCÈNE III.

Les chœurs entrent par la galerie, au bas de l'escalier, les ténors et les premiers dessus à gauche, les basses et les deuxièmes dessus à droite, les hommes donnant la main aux dames, et ils se rangent aux ailes. Lagrenade, à la tête de ses hommes, débouche du haut de l'escalier par la gauche ; ils descendent au milieu et se placent sur chaque marche, quatre à gauche, trois à droite, et Lagrenade, Jeanne et le prince de Soubise paraissent aussi sur le praticable, venant de gauche ; ils descendent lentement l'escalier et entrent en scène par la porte du milieu. Ils sont suivis de six domestiques en grande livrée royale qui restent rangés au haut de l'escalier. Au moment où commencent à descendre le prince et Jeanne, Lagrenade commande : « Présentez armes ! » Quand ils sont descendus il commande : « Portez armes ! »

Ordre : les chœurs, le prince, Jeanne, les chœurs. Au fond, quatre soldats à gauche, trois et Lagrenade à droite. Les valets au milieu du haut du praticable.

Après le chœur, tout le monde sort dans le même ordre et par les mêmes ouvertures qu'à l'entrée. Lagrenade reprend la tête de sa troupe ; ils remontent l'escalier, deux par deux, et disparaissent. Les laquais sont sortis devant eux.

SCÈNE IV.

Ordre : le prince, Jeanne.

Merci, prince, merci !

Jeanne tend la main au prince qui la baise respectueusement.

Ce sera léger... et pour une danseuse...

L'huissier entre de droite, porte deuxième plan.

SCÈNE V.

La voici !... c'est elle !...

Jeannette entre de droite, porte deuxième plan, et vient au milieu. Ordre : le prince, Jeannette, Jeanne.

Le roi ?

Le prince remonte. Jeannette passe devant lui, et prend la gauche tout en parlant. Ordre : Jeannette, le prince, Jeanne.

Est venu vous y chercher.

Le prince redescend milieu, jette son adieu à Jeannette, salue Jeanne, et sort par la galerie de droite, au bas de l'escalier.

SCÈNE VI.

Ordre : Jeannette, Jeanne.

Laramée n'existe pas.

Jeannette et Jeanne finissent cette scène, un peu à droite.

SCÈNE VII.

Jeannette, Briolet, Lagrenade paraissent par l'entrée de la galerie à gauche dans l'ordre où je les indique et descendent en scène en chantant. Ordre : Jeanneton, Briolet, Lagrenade un peu en haut, Jeannette, Jeanne à l'avant-scène de droite.

Laissez-moi tranquille.

Lagrenade, tenant toujours Briolet au collet, n'a pas reconnu les deux dames et répond à Jeannette sans se retourner.

Je veux savoir...

Jeanne passe devant Jeannette pour dire cela à Lagrenade.

Allez vous promener!

Lagrenade répond à Jeanne de même qu'à Jeannette.

A la comtesse Dubarry.

Lagrenade lâche Briolet, se retourne et regarde Jeanne tout penaud et tremblant. Ordre : Jeanneton, Briolet, Lagrenade, Jeanne, Jeannette.

C'est égal! c'est égal!

Après la reprise de l'ensemble, sur un signe de Jeanne, Lagrenade se confond en salutations exagérées et sort à droite, par la galerie de plain pied.

Ils se tenaient plus tranquilles que ça!

L'huissier entre de la porte de droite, deuxième plan, et vient un peu au-dessus, entre Jeanne et Jeannette.

Faites entrer monsieur le marquis.

L'huissier sort par la même porte.

Jeanneton sauvons-nous.

Briolet prend le bras de Jeanneton et va pour remonter avec elle. Jeanne les arrête.

SCÈNE VIII et IX.

C'est votre colonel... et peut-être...

Le marquis entre de droite, porte deuxième plan, il s'arrête au milieu, entre Jeanne et Jeannette.

Que signifie ce billet?

Le marquis descend en scène. Ordre : Briolet, Jeanneton, Jeanne, le marquis, Jeannette.

Je cours me jeter aux pieds du roi, et peut-être...

Jeannette remonte comme pour sortir par le fond milieu. Le prince, venant de droite, par la galerie de plain pied, y paraît.

Le prince.

On s'arrête, moment de silence.

Que l'on m'attendait même avec impatience.

Le prince descend lentement. Ordre : Briolet, Jeanneton, Jeanne, le prince, le marquis, Jeannette.

Ordre du roi!

En répétant : « Ordre du roi » Jeanneton va au prince de Soubise en passant devant Jeanne. Après son deuxième couplet, Jeanneton retourne prendre sa place auprès de Briolet. Jeannette remonte au fond.

Eh bien!... je vais...

Le prince fait quelques pas en remontant comme pour sortir. Jeannette, qui était remontée, redescend entre Jeanne et le prince de Soubise, et s'arrête devant lui en disant : « Vous allez rester là. » Ordre : Briolet, Jeanneton, Jeanne, Jeannette, le prince, le marquis.

Mais pour éclairer sa justice.

Jeanne se dirige vers le fond milieu. Le marquis remonte vivement et lui offre sa main au fond. Le prince descend à droite à la place du marquis.

Attendez les ordres du roi.

Jeanne gravit les marches de l'escalier milieu et disparaît sur le praticable par la droite. Le marquis, après s'être incliné devant Jeanne, sort aussi à droite, mais par la galerie au bas de l'escalier.

Restez au bal, ne vous éloignez pas.

Briolet, qui tient toujours Jeanneton par le bras, sort avec elle par la galerie de gauche, au bas de l'escalier.

SCÈNE X.

Ordre : Jeannette, le prince.

Où allez-vous?

Jeannette, tout en descendant vers la gauche, jette ces mots par-dessus son épaule au prince qui allait sortir par le fond milieu. Le prince s'arrête, Jeannette continue à descendre tranquillement tout en parlant. Le prince la suit comme attiré malgré lui.

Quand je vous aime pour vous-même.

Jeannette s'appuie câlinement sur l'épaule droite du prince.

Elle est charmante!

Le prince se dégage pour dire cet aparté et revient de suite vers Jeannette.

Ah! vous m'insultez!

Jeannette passe à droite devant le prince. Ordre : le prince, Jeannette.

J'ai besoin de vous croire.

Bruit et murmures dans la coulisse à droite et à gauche.

Tout ce que vous voudrez.

Le prince tend la main droite à Jeannette.

Mon pardon est à ce prix.

Jeannette prend la main du prince, et tous deux sortent à droite, porte deuxième plan du premier salon.

SCÈNE XI.

Tous les choristes en dominos et masqués, excepté quelques seigneurs en habits de cour, apparaissent de droite et de gauche dans la galerie, par couples, et pénètrent dans le premier salon par les deux ouvertures latérales du fond. En même temps trois dames en dominos, désignées pour chanter le quatuor avec Jeannette, entrent de droite, première porte. Puis le marquis, même porte, derrière elles. Puis Briolet donnant le bras à Jeanneton, tous deux en dominos, par la seconde porte de droite. Puis enfin Jeannette seule, aussi en domino, par cette même seconde porte de droite. Tous se promènent par groupes en chantant. Ordre : le marquis, Jeannette, Jeanneton, Briolet, à l'avant-scène; les chœurs derrière.

Je suis bien où vous êtes, etc.

Briolet et Jeanneton remontent et se perdent un moment dans la foule.

Je te connais, beau masque.

Jeannette s'approche du marquis.

La fortune et l'amour, oui, l'amour!

Le marquis quitte Jeannette, un des dominos du quatuor vient à gauche près de lui et lui chante son refrain, il se retourne impatienté et en trouve un autre à droite qui lui répète ce chant; il retourne à gauche, le troisième arrive, puis les trois dominos reprennent avec Jeannette, le marquis au milieu d'elles. A la fin, les trois dominos remontent dans les groupes.

Après ce chant, le prince entre de droite par la galerie; il est en domino jaune, sans loup; il descend à Jeannette et lui remet deux billets. En même temps, Briolet et Jeanneton reviennent à l'avant-scène de droite. Ordre : le marquis, le prince, Jeannette, Jeanneton, Briolet.

On ne peut davantage!

Le prince remonte. Ordre : le marquis, Jeannette, Jeanneton, Briolet.

A moi?... Le roi?...

Jeanneton passe le billet à Briolet.

C'est moins dangereux.

Tout le monde regarde au fond, s'arrête et se range aux ailes. Le roi paraît en haut du praticable, venant de droite et donnant la main gauche à Jeanne. Il est en riche domino noir, garni cerise, nu tête et le visage couvert d'un loup. Il descend lentement les marches de l'escalier du fond et, arrivé en bas, confie Jeanne au prince de Soubise, qui est remonté et s'incline devant lui. Le prince et Jeanne descendent à l'avant-scène. Le roi cause un instant avec quelques seigneurs remontés vers lui, puis il disparaît par la galerie de gauche, second salon, sans être entré dans le premier salon. Derrière le roi sont entrés deux huissiers et six laquais. Les deux huissiers descendent à demi l'escalier et restent debout sur la quatrième marche. Les six laquais restent rangés sur le haut du praticable, bien au milieu. Ordre : le marquis, Jeannette, le prince un peu au-dessus, Jeanne, Jeanneton, Briolet.

Et vous ?... Chut !

Jeanne montre le prince qui prête l'oreille et s'avance entre lui et Jeannette pour dire : « Que dit-on ? »

Jeanne regarde le prince un peu hautement. Le prince s'incline à demi et remonte un ou deux pas. Jeanne prend Jeannette et Jeanneton et les amène bien en face du souffleur.

Ordre : le marquis, le prince, Jeannette, Jeanne, Jeanneton, Briolet. Les chœurs entourent ; les valets garnissent l'escalier et le haut du praticable.

Avis. — Tous les meubles et accessoires sont indiqués par actes, au moment où ils sont nécessaires. — Les indications sont prises du spectateur.

FIN.

PARIS

TYPOGRAPHIE PAUL SCHMIDT

5, RUE PERRONET, 5.

9 782329 048499